與香港結緣的民國名人

Vicky、艾芙蔓 合著

Family Sky 天空數位圖書出版

目錄

文：Vicky

目錄

文：艾芙蔓

文武雙全的亞洲球王——李惠堂

文：Vicky

現代足球起源於英國，而後發揚到全世界，成為最受歡迎的運動。廿世紀之初中國，誕生了一位球技卓絕的傳奇球王李惠堂。

李惠堂（一九零五年十月十六日～一九七九年七月四日），字文梁，號魯衛，祖籍廣東省五華縣，生於英屬香港大坑一個客家望族，為家中長子。

李惠堂年幼時體弱，時常踢球鍛鍊身體，展露足球才華，於一九一七年入皇仁書院就讀，參與校內足球活動，兩年後輟學返家協助家中事業。

一九二二年香港南華體育會舉辦「夏令營盃」，李惠堂帶領大坑童子足球會奪冠，賽後被網羅加入南華足球會，歷練一年後，成為南華甲組球員。

一九二五年李惠堂轉戰上海，加入樂群足球隊（後改名樂華）並擔任隊長，期間帶領球隊取得佳績，贏得多項錦標，打破上海足壇長期由洋人球隊壟斷局面，時人稱「看戲要看梅蘭芳，看球要看李惠堂」。

一九三一年李惠堂重返南華，未幾南下荷屬東印度（今印尼）踢球，帶動當地足球風氣，三年後返回香港。

除了球會踢球外，一九二三年，年僅十八歲的李惠堂首次入選國家隊，參加大阪舉辦的第六屆遠東運動會，取得進球幫國家隊奪冠。其後李惠堂多次代表國家出戰，贏得多屆遠東運動會足球冠軍，「中國球王」美名不脛而走。

一九三六年柏林奧運，李惠堂擔任隊長率隊出征，期間率球隊進行廿多場熱身賽，取得零敗佳績，惜奧運首戰敗給英國，然李惠堂表現受到西方世界注目。

抗戰期間，李惠堂足球生涯中斷，先返回香港，香港淪陷後再到大後方，期間汪精衛政權曾邀李惠堂復出遭拒絕，李惠堂協助政府抗戰，獲政府綬少將銜。抗戰勝利重返香港球壇，一九四八年李惠堂掛靴退役，轉任球評與執教工作。

一九四八年倫敦奧運，李惠堂出任國家隊教練率隊出征，惜首戰敗給土耳其。一九四九年中共建政，拉攏李惠堂投效出任國家教練，為李惠堂拒絕。一九五四年馬尼拉亞運會，李惠堂率中華民國足球隊取得金牌，並於五八年東京亞運會成功衛冕。

一九六零年代，由於政治情勢關係，李惠堂轉行政工作，並協助政府培育新人。一九六五年李惠堂出任亞足聯副主席，隔年又任國際足聯副主席，積極為我國足壇爭取權益，一九七零年代，亞足聯接納中共，李惠堂請辭亞足聯副主席。晚年李惠堂長住臺北，傳授講習足球絕學。

一九七九年初，李惠堂因病回鄉療養，七月四日逝世於香港法國醫院，享壽七十四歲，安葬於薄扶林道基督教墳場。

李惠堂一生影響香港足球深遠，曾長期效力南華足球會，助球隊開啟黃金歲月，除了參與本地比賽，李惠堂亦重視國際交流，曾多次帶隊出國進行比賽，提升球員技術及視野增長。李惠堂又參與執教、培訓、行政、推展，可謂全方面足球人，他更是香港第一位取得裁判資格的華人。除足球運動外，李惠堂受過良好教育，通曉英語亦雅擅古文，留有多首創作及書法作品，可謂智勇雙全。

走過烽火，縱橫世界的半導體教父——張忠謀

文：Vicky

提起台積電，世人皆知其為影響全球科技業半導體的國際企業，其創辦人兼首任董事長，乃是被尊稱為「半導體教父」的張忠謀。

張忠謀（一九三一年七月十日～），生於浙江寧波殷實人家，父親張蔚觀，曾任鄞縣財政處長，母親徐君偉係名門之後，張為獨子。

年幼張忠謀即隨家人四處遷徙，任職銀行的父親先後帶著全家住過南京跟廣州，抗戰爆發後，全家至香港避難。

日軍佔領香港，張父舉家到上海，後至大後方重慶，抗戰勝利後回到上海。

動亂流離期間，張忠謀完成小學至高中學業，原考取滬江大學，未幾因國共戰爭波及，輟學舉家再遷香港。短暫停留後，張忠謀隻身前往美國留學。

張忠謀赴美，先入讀哈佛大學一年，後轉入麻省理工，完成學士及碩士學位。畢業後張踏入半導體行業，開始在希凡尼亞（Sylvania）半導體實驗室工作，數年後轉入德州儀器（Texas Instruments）任職。在德州儀器期間，張忠謀展露才華，受到公司高層看重，一九六一年德儀資助張忠謀攻讀博士，張重返校園，一九六四年張獲史丹佛大學博士學位。

完成學業後的張忠謀旋即重返德儀崗位，協助公司半導體事業向上，一九六七年張出任公司副總裁，一九七二年擔任集團副總裁兼半導體集團總經理。

一九八三年張忠謀辭去德儀工作，期間曾短暫擔任通用儀器（General Instrument）副總裁一職。

一九八五年應政府邀請，張忠謀返國擔任工研院院長，推進國家科技產業發展，催生台積電於一九八七年成立，張忠謀擔任董事長。台積電專注晶圓代工，協助客戶生產晶片，取得巨大成功，台積電成為世界最大晶圓代工廠，促成大量 IC 設計產業興起，提升廠商設計能力，改變全球半導體產業面貌。張忠謀被人推崇為「半導體教父」。

除產業領域成就，張忠謀亦多次代表政府，參與出席 APEC 領袖會議，為國家外爭取外交空間。二零一八年張忠謀卸任董事長，仍持續活躍公眾領域。

張忠謀一生跟香港有兩次比較重要的交集，跟同時代許多人相同，皆因躲避戰火而來到香港。

第一次是抗戰，張忠謀隨母親赴港，隔年父親轉到香港任職。

張忠謀在香港先後就讀培英、培正兩間小學，據自傳言，童年香港生活是一段美好回憶，每逢假日，隨家人四處郊遊，最愛山頂跟淺水灣。童年因經常一人在家，培養閱讀習慣。香港淪陷後，張忠謀跟家人在港又住一年，完成小學學業後，舉家離開香港。

第二次是國共戰爭，一九四八年十二月，戰爭情勢惡化，上海情勢動盪下，張忠謀隨母親再一次重返香港，經歷戰爭期間流離歲月，張忠謀自傳言再一次到香港，已無童年愉快心情。第二次來港，張忠謀僅停留七個月，在父親強力要求下，安排前往美國讀書。

張忠謀自傳回顧，第二次到香港七個月，是他人生重要分界，舊世界破滅，新世界待建立，從此踏上完全不同的人生道路。香港過客歲月，成就一個傳奇的誕生。

壯志未酬南天王——陳濟棠

文：Vicky

一九九二年底，位於臺北市北投區的陳濟棠將軍墓園，因遭個別後人私自變賣土地開發，引起其他家族成員抗議而引發軒然大波。陳濟棠將軍何許人也？有何事蹟？

陳濟棠（一八九零年二月十二日～一九五四年十一月三日），字伯南，廣東防城（今廣西防城港）人。陳濟棠出身農家，六歲入私塾接受傳統教育，十七歲考入廣州黃埔陸軍小學，在教官介紹下秘密加入同盟會，投身革命活動。

一九一二年陳濟棠入廣東陸軍速成學校，畢業後進入粵軍服役，期間曾參與護國戰爭、護法運動及粵桂戰爭等作戰。一九二二年陳炯明兵變，陳濟棠支持孫中山，後投身國民革命軍，參與東征戰役立有軍功。

北伐期間，陳濟棠留守廣東，期間因左派工潮興起，陳一度以考察為名赴蘇聯走避，清黨之後返回廣東重拾兵權，在蔣中正支持下，陳濟棠擊退桂系軍閥勢力，主掌廣東軍政大權。

掌權期間，陳濟棠擁兵自重與南京國民政府分庭抗禮，時人稱為「南天王」。

陳濟棠主政廣東期間，制訂《廣東三年施政計劃》，大力推動各項建設，基礎建設包括：增修公路、興建碼頭、開辦民航、架設電話線；經濟建設包括：投資多處工業區，廣州市區修建新式大樓、戲院、酒店，使廣州商業欣欣向榮；教育事業包括：廣設大量職業學校、擴充基層學校、開辦高等教育，修建新大樓；社會福利包括：修建勞工住宅、平民收容所、老人安養院等設施。期間廣東欣欣向榮，被視為中國模範省，又因陳濟棠受傳統儒學教育，崇尚古典反對新學，主政期間大力宣揚傳統經學教育。

一九三六年六月發生兩廣事變，陳濟棠手下部將投靠南京國民政府，陳濟棠被迫下野出走，結束其廣東主政歲月。

抗戰爆發後，陳濟棠掛名國府委員、最高國防委員、戰略委員等職，並無實權，一九四零年一度出任農林部長。抗戰勝利後陳濟棠返回廣東，力圖東山再起。一九四九四月，陳濟棠出任海南特區行政長官，一九五零年共軍攻佔海南，陳退守臺灣，獲聘總統府資政。一九五四年十一月三日，陳濟棠因腦血管栓塞猝逝臺北，享壽六十四。身後原安葬北投，一九九二年因後人變賣墓地，骨灰遷返大陸入土。

陳濟棠與香港情緣，與其重視教育事業密不可分。

一九三四年，陳濟棠與社會各界人士，共同在香港創設德明中學，校址設於九龍旺角洗衣街，兩廣事變後，陳濟棠下野赴港避居，專注經營學校。

抗戰軍興，大量民眾逃難來港，由於陳濟棠名聲響亮，故學校事業快速發展，當時中學部下設有小學部、幼稚園，另設有女中部，並於灣仔及九龍城開設分校，學生人數達數千人，香港淪陷後，德明中學一度內遷廣東，抗戰勝利後返香港復校。

一九四九年，陳濟棠將其在廣州創辦的珠海大學遷至香港，改名珠海書院，向中華民國教育部註冊，學歷受中華民國政府認可，書院長期受政府支持，曾為培養親中華民國人士的重要機構。

陳濟棠出身軍旅，主政廣東成績斐然，熱心教育文化事業，在港兩間創辦學校，為香港教育發展貢獻重大，影響深遠。兩校校友遍佈各界，成為一股重要社會力量。

欽字第一號民國第一法學家——王寵惠

文：Vicky

中華民國歷史上，若干出生於香港的公職人員中，若不計前總統馬英九，職務最高者當屬前司法院院長王寵惠。

王寵惠（一八八一年十二月一日～一九五八年三月十五日），字亮疇，原籍廣東省東莞，生於英屬香港一個虔誠的新教家庭，祖父王元深為廣東最早受洗的基督徒之一，與其父王煜初皆為著名傳道人。王寵惠在十個兄弟姐妹中排行第六，兄王寵佑為礦物學家、幼弟王寵益為病理學家，更是香港大學首位華籍教授。

王寵惠自幼在家中接受良好教育，學習英語，六歲進入英國聖公會（現為香港聖公會）創辦的聖保羅書院就讀，十歲進入港英官立皇仁書院（時名中央書院），在港讀書期間，由於孫文與王家往來密切，王寵惠一早認識孫文，對孫評價甚高，結下往後的合作關係。

光緒廿一年（一八九五年）清廷北洋大學堂（今天津大學）開辦，王寵惠隨兄長離港北上，就讀法科預科，並於光緒廿六年（一九零零年）以第一名成績畢業，獲欽字第一號考憑（畢業證書），為中國第一位獲得官辦高等教育文憑者。

學成後王寵惠曾短暫返港省親，未幾回到國內任職。

王寵惠先於南洋公學任教，隨後赴日進修，再往美國深造，一九零六年獲耶魯大學法學博士學位，之後再轉往歐洲研習法學，一九零八年考取英格蘭及威爾斯高等法院大律師資格。

留洋期間，王寵惠參與興中會、同盟會，支持孫文革命事業。

宣統三年（一九一一年）歸國，隨即辛亥革命爆發，王寵惠投身參與，後於民國成立時任南京臨時政府外交總長，後歷任北京北洋政府多項公職，期間曾為中國代表之一，參與華盛頓會議。

國民政府成立後，王寵惠歷經司法部長、司法院院長、外交部長等職，期間曾出任海牙國際法庭法官。

抗戰期間協助政府對外宣傳，翻譯文件、出席國際會議、參與開羅會議、聯合國憲章制定。

公職之外，王寵惠亦先後在多所大學任教，教授法學及多門法律專業。

戰後行憲，王寵惠獲選國大代表、司法院院長及第一屆中研院院士。一九四九年曾短暫回港省親休養，不久之後返國履行職務，於一九五二年出任東吳大學董事長，推動東吳大學在臺復校，一九五八年逝世於臺北，享壽七十六，葬於東吳大學雙溪校區後山墓園。

王寵惠共兩段婚姻，第一任妻楊兆良，育有一子王大閎，第二任妻子朱學勤，兩人無子女。

王寵惠出身香港，在港受新式教育及華洋雜處環境薰陶，奠定其良好外語能力及國際視野，成為其日對內後推動中國法學法制現代化，對外聲張國家主權利益的基石。

王寵惠一生在港時間有限，但成就突出，今香港聖保羅書院校友推崇王為「聖保羅四博士」之一，被視為後輩學習楷模。

從情報員到九龍皇帝——向前

文：Vicky

論及香港幫會組織，新義安可謂代表之一，而其組織創始人，是一位充滿神秘色彩的傳奇人物向前將軍。

向前（一九零七年～一九七五年二月廿五日），廣東陸豐（今屬廣東省汕尾市）人。

有關向前早年的生平事蹟可考證資料有限，大略可知向前投身軍旅，與當時政府情報龍頭戴笠有所聯繫，多數認同向前為戴笠旗下情報人員，有傳向前曾與另一國軍將領葛肇煌有過從屬關係，但缺乏足夠資料證明。

抗戰期間，向前受軍統安排，由廣東到香港，定居於九龍城一帶，平時經營雜貨店、麻將館等小生意，暗地幫助國軍收集情資，期間為拓展人脈方便工作，遂加入三合會背景，以潮汕人士為主組成的團體義安（此時以港九義安工商聯合總會為名向港英政府合法註冊），成為其中活躍分子。

一九四一年日本出兵佔領香港，期間向前留在香港，出任義安主席，表面同日本人往來，實則潛伏其中打探偷取各種情報。

抗戰勝利後香港重光，義安恢復合法地位重新公開活動，然而在一九四七年時，因捲入和香港另一幫會「福義興」的械鬥衝突，義安的合法註冊遭港英政府取消。向前為了延續幫會組織之運作，遂分別成立永安、新安兩間公司，並和另一有三合會背景的團體「太平山健身會」結盟，發展出後人所熟知的新義安。

從義安到新義安，向前以九龍城為總部，迅速發展勢力，成為香港重要華人幫會勢力，時人稱之為「九龍皇帝」，也因此遭到港英政府盯上。

向前的國軍背景跟特務身份，加上組織幫會活動，被港英政府視為麻煩人物，最終於一九五三年，向前被港英政府以「涉及三合會及非法政治活動」為由，遭到解遞出境，此後終生未返香港，其在港事務交由長子向華炎接手負責。

向前離開香港之後回到國內，受到政府高層禮遇接待，除獲總統蔣中正親自接見表揚外，亦安排出任僑委會及國安局顧問（領少將銜）。

一九七五年二月廿五日，向前逝世於臺北三軍總醫院，享壽六十八，其後由子女們將骨灰帶返香港，安葬沙田寶福山。

向前一生共有四段婚姻，元配葉清、二房林惠英、填房鍾金、三房陳鶴雲。

葉清一九四一年逝世，兩人育有一子一女；二房林惠英，向前離港後一度支撐家族生計，一九六零年代逝世，年僅四十幾歲，育有四子二女；鍾金一九四二年同向前結婚，育有四子，二零一零年逝世，高齡八十五；陳鶴雲最受向前寵愛，無子女，一九五三年隨向前到臺灣，未再返港。

向前在香港生活十來年，於公幫助國家潛伏敵後，獲取情資，於私透過個人能力，整合諸多勢力，在香港建立新義安，後發展成縱橫江湖的幫會帝國，影響往後香港社會深遠。

由於向前公開生平事蹟有限，增添不少傳奇色彩。

放棄英籍的香港富豪將軍——何世禮

文：Vicky

歷來香港投身軍旅者寡，晉升高階將官者更屬鳳毛麟角，但在中華民國歷史上，曾經有過一位來自香港的傳奇將軍—何世禮。

何世禮（一九零六年五月十五日～一九九八年七月廿六日），原名Robert Hotung jr.，生於英屬香港，為富商何東爵士之子，母張靜蓉。

一九一四年，何世禮先就讀拔萃女書院，兩年後轉往皇仁書院，與家族同輩一起學習。

何世禮自幼即對軍事展露興趣，期望投身軍旅。最初有意投考保定軍校，然遇上直奉戰爭軍校停辦，其後在父親何東協助安排下，最終進入英國皇家軍事學院（Royal Military Academy, Woolwich）就讀，畢業後何世禮進入英國皇家坦克兵團見習。

儘管出生香港持有英籍，然而何世禮更認同自己為中國人，一九二七年八月，何通過中華民國駐英使館，正式宣布自己放棄英籍，改入中國籍，並通知英國政府，其姓名拼音亦改為Ho Shai Lai。

由於喪失英籍，何世禮在英的軍事學習終止，隔年轉往法國，入楓丹白露砲兵學校學習，一九三零年畢業。

軍校畢業後，何世禮返回香港，經何東引薦投效張學良東北軍，期間曾赴美深造進修。

由於何世禮精通多種語言又留學西方，與多國軍界有人脈關係而受到政府重視，抗戰期間何世禮更積極運用人脈，協助國軍爭取盟國支持及各項援助，最終官拜中將。

抗戰勝利後，何返香港參與重光，後派任東北，協助國軍後勤補給。政府遷臺之際，何節駐福建，致力搶運物資轉進臺灣，到臺灣後，致力促進與美國軍事交流及採購。

一九六二年一月，何世禮辭去軍職返回家鄉香港，由於家庭背景，加之繼承父親何東龐大遺產，被中華民國政府視為在港活動之王牌人物。一九六五年何世禮擔任「對匪經濟作戰策劃小組」委員，協助政府在港展開各項活動，爭取港人民心與中共對抗。

何世禮先後在港成立港台貿易和民生物產兩間公司，開設百貨商場行銷臺灣產品，宣傳中華民國。另何繼承父親何東所經營之《工商日報》，又創辦《工商晚報》，由本人直接參與管理及編輯方針，積極同香港左派媒體打對台，該報為當年香港最親中華民國政府的媒體。

一九八四年《中英聯合聲明》，告示香港未來的政治歸屬，何世禮見此情勢，曾數度與中華民國高層磋商協議，爭取政府給予港人各項協助及福利優惠，同時逐步減少在港事業，停辦《工商日報》，結束民生物產經營，進行部署轉移。

一九九八年六月，何世禮攜子女北上，出席由其捐贈興建之東北大學「何世禮教學館」開幕，此為何世禮於四九年後唯一一次造訪大陸。同年七月廿六日，何世禮逝世於香港山頂何家大宅，享耆壽九十二歲，葬摩星嶺昭遠墳場。

何世禮為香港富商之後，但主動放棄英籍，投身國軍效命，晚年堅守立場，在港積極為中華民國發聲出力，可謂空前絕後。

風華絕代世紀傳奇——宋美齡

文：Vicky

中國近代史上，宋家三姐妹佔有舉足輕重的地位，年紀最小的宋美齡，曾為中華民國第一夫人，發揮巨大影響力，被人們稱為「永遠的第一夫人」。

宋美齡（一八九八年三月四日～二零零三年十月廿四日），祖籍廣東文昌（今海南文昌），生於上海公共租界同仁醫院，父宋嘉澍、母倪桂珍，姊靄齡、慶齡；兄子文；弟子良、子安。

一九零七年，年幼的宋美齡赴美求學，一九一七年畢業於衛斯理學院（Wellesley College），同年回到中國，在上海先擔任英語教師，後在工部局任職秘書。

一九二二年宋美齡至上海時報工作，同年初識蔣中正，在大姊宋靄齡的撮合下，兩人於一九二七年十二月一日於上海完婚。

婚後宋美齡投身政治事業，於一九二八～三一年出任立法委員，一九三四年政府發起「新生活運動」，出任婦女指導委員會指導長，協助推展工作。

一九三六年春，出任航空委員會秘書長，積極組建空軍，被喻為「中國空軍之母」，同年十二月爆發「西安事變」，宋美齡親赴西安，同事件發動者張學良斡旋，成功化解危機。

一九三七年抗戰軍興，宋美齡發揮長才貢獻心力，在太平洋戰爭爆發後，宋美齡成為政府對外重要代表，一九四三年赴美訪問，於美國國會演說，掀起一陣旋風。年底隨蔣中正赴埃及出席開羅會議。

抗戰勝利未幾內戰爆發，宋美齡陪同蔣中正多次接待美方特使馬歇爾（George Marshall jr.），一九四八年十一月，因內戰情勢惡化，宋美齡再度赴美爭取支持，一九五零年返國。

返國後宋美齡持續投身各項社會福利事業，代表政府外交出訪。一九七五年蔣中正逝世，宋美齡赴美長住，一九八六曾返國暫住，一九九一年再度赴美。

二零零三年十月廿四日，宋美齡病逝紐約，享嵩壽一百零五歲。身後暫厝郊外芬克里夫墓園（Ferncliff Cemetery and Mausoleum）。

宋美齡與香港的緣分結於抗戰，在抗戰前期，香港成為國府重要的中轉支援基地，舉凡輿論宣傳、資金募集、金融活動跟軍需往來，均扮演重要角色。

宋美齡首次造訪香港係一九三八年一月，對外名義是治療淞滬會戰中所受之傷，實則了解軍機採購弊案及對日交涉，順道探訪避居香港的大姊宋靄齡。

由於事涉機密，宋美齡第一次訪港相當低調，少有公開行程，惟同日方代表交涉一事，曾發表公開談話，嚴正駁斥和談之說。

期間，宋美齡曾接受一位英國記者專訪，留下少數紀錄

再次訪港是一九四零年二月，原因係療養鼻竇炎。

此次訪港，為宋家三姐妹多年後再次團聚，在大姐宋靄齡安排下，進行一連串公開亮相，在港四十多日期間，共同出席各項抗日宣傳活動，走訪視察相關工作，宣示抗戰到底的決心，隨後宋美齡邀請兩位姊姊共赴重慶，以提振後方士氣，三月底宋美齡離港返國。

宋美齡一生橫跨三世紀，其風采卓絕，為無數人所稱道，兩次訪港展露長才，在世人面前留下雋永經典形象，中國歷史上可謂空前絕後。

宋家皇朝的締造者——宋靄齡

文：Vicky

電影宋家皇朝裡楊紫瓊所飾演的宋靄齡，身居幕後運籌帷幄，一手打造了中國近代史上的最具傳奇色彩的家族。儘管不似兩位妹妹般高調張揚，但實為皇朝真正掌權者。

宋靄齡（一八八九年七月十五日～一九七三年十月十九日），又作宋藹齡，祖籍廣東文昌（今海南文昌），生於江蘇崑山，是宋家三姊妹的老大，亦是宋家三兄弟大姊，出身新教家庭，父宋嘉澍原為傳教士，母親倪桂珍。

宋靄齡自幼接受新式教育，一九零四年赴美進入威斯里安女子學院（Wesleyan College）就讀，一九一零年畢業後回到中國。

宋家長期支持孫文革命事業，宋靄齡回國後出任孫文秘書，協助孫文工作，一九一三年二次革命失敗，孫文走避日本，宋靄齡隨同赴日。

一九一四年，宋靄齡與山西富商孔祥熙在日本橫濱結婚，兩人育有四名子女，長女令儀、長子令侃、次女令偉、次子令傑，婚後隔年宋靄齡隨夫返回中國，在山西協助夫家事業，主持銘賢學校等事務。

一九一八年父宋嘉澍逝世，宋靄齡逐步成為宋家話事者，一九二二年，蔣中正初識宋美齡，宋靄齡認為蔣中正是未來政治之星，積極撮合雙方，並遊說母倪桂珍接受蔣成為女婿。

北伐期間，宋靄齡又說服夫孔祥熙跟弟宋子文支持蔣，一手打造孔宋蔣集團成形，一九二七年十二月一日，宋美齡與蔣中正於上海完婚，宋靄齡則以大姐身分，在幕後居中協調仲裁家族成員之間的關係，維繫集團內部運作。

一九三七年抗戰爆發，宋靄齡投身抗日，動員各界成立團體組織，四處勞軍、宣傳、募款，上海淪陷後遷居香港，至一九四一年日軍攻佔香港返回大後方，繼續從事抗日活動。

一九四四年宋靄齡隨妹宋美齡赴巴西養病，後轉往美國陪同出席布雷頓森林會議（Bretton Woods Conference）的孔祥熙。

一九四七年移居美國，後幾度返國探親，一九六九年七月獲頒大綬景星勳章。

一九七三年十月十九日，宋靄齡病逝美國紐約，享壽八十四。葬於紐約郊外芬克里夫墓園（Ferncliff Cemetery and Mausoleum）。

宋靄齡與香港的交集在抗戰期間，自上海淪陷至香港被日本佔領期間四年，宋靄齡寓居於香港薄扶林沙宣道豪宅。

在港期間，宋靄齡活動主要有兩部分，其一家族事業，其二抗日活動。

抗戰前期，英屬香港處中立方，為中華民國政府各項金融活動、軍火貿易和情報蒐集的重要據點跟管道。

上海淪陷後，政府隸屬中央信託局於香港設立辦事處，宋靄齡安排其子孔令侃為負責人；孔任職期間，一方面替政府處理外匯買賣及軍火採購，另一方面利用職權中飽私囊，引發諸多不滿，最終因涉入情報活動，孔於一九三九年遭港英政府驅逐。

另一方面宋靄齡在港仍擔任多個抗日組織負責人或名譽會長，和兩位妹妹及各界人士分進合擊支援大後方。

一九四零年國際婦女節，宋家三姊妹特意在香港公開活動一起現身，向世人表達堅定抗日立場與決心。

宋靄齡一生多數低調，然其影響力卻無可忽視，憑藉個人能力，打造一段歷史傳奇。

上海皇帝——杜月笙

文：Vicky

縱觀中國歷史，民間幫會勢力向來佔有一席之地，清末民初的上海，出現了一位傳奇幫會領袖，世人稱為上海皇帝的杜月笙。

杜月笙（一八八八年八月廿二日～一九五一年八月十六日）生於江蘇省松江府上海縣（今上海市浦東新區），原名月生，後改名鏞，號月笙，以號行。

杜月笙幼年父母雙逝，由繼母跟舅父養育長大，年少曾到水果行做學徒，後經人介紹投靠青幫大老、上海法租界警長黃金榮門下，獲黃妻林桂生賞識，委以重任，開始逐步嶄露頭角。

一九二零年代，杜月笙與黃金榮和張嘯林共組三鑫公司，壟斷上海法租界的鴉片貿易，與黃張二人並稱「上海灘三大亨」。

一九二七年四月，國民革命軍北伐進入上海，時國共關係惡化，革命軍總司令蔣中正展開清黨，杜月笙等人組織中華共進會，協助打擊中共勢力。事後杜氏等獲國民政府獎勵，並逐步參與政治事務。

一九三零年代，杜月笙名列三大亨之首，旗下恆社門生成員數萬人，壟斷上海諸多生意。此時杜亦熱心慈善公益。

一九三一年江淮水災，杜月笙動用關係號召賑濟，一人募得捐款即占總額五分之一，杜公館逢年過節亦大門敞開發放物資，免費發放物資。新生活運動期間，杜月笙響應配合，不但戒除自身鴉片癮，亦收斂鴉片事業，投資其他工商。

一九三七年抗戰軍興，八月淞滬會戰爆發，杜月笙動員恆社門生，組成民兵參與作戰，亦號召各界募款資助軍需，上海淪陷後杜氏走避香港，香港淪陷後轉進大後方繼續活動。

抗戰勝利杜月笙重返上海，然政治情勢變化，杜氏地位不若當年，雖一度角逐上海市議長並當選，然政府壓力下未正式就任即請辭。

一九四九年四月，共軍渡江包圍上海，杜月笙攜家帶眷遠走香港，於一九五一年八月十六日因氣喘病惡化逝世香港，身後安葬於臺灣新北市汐止大尖山下。

杜月笙一生兩度寓居香港：第一次是抗戰前期，第二次是神州易幟。

杜月笙第一次寓居，住在九龍柯士甸道。

時杜月笙兼任中華民國紅十字會副會長，並以自宅為基地，成為當時重要社交活動中心。

杜月笙在香港，通過其人脈關係，一方面籌集醫藥救護物資，一方面同本地黑幫交易，藉販毒走私籌措資金及軍火支援大後方。

同時間與政府情報單位密切合作，協助執行刺殺等任務，並利用幫會大老身分，串連各地幫會勢力支持政府抗日，直到日軍出兵佔領香港方離去。

第二次寓居，杜月笙帶一家人住在港島半山的堅尼地台，直到逝世。

晚年杜月笙因氣喘問題需要照護，期間在香港少有外出活動。

失去上海事業後，杜月笙在港依靠友人門生協助，擔任青幫成員李裁法投資青山酒店董事及中國航聯保險公司香港分公司董事長。

一九五零年秋，杜月笙與相伴多年的京劇名伶孟小冬與自宅完成婚事，成為其第五位妻子。

杜月笙貧寒出身混幫會起家，憑藉個人能力跟機運，成為中國歷史上最具影響力的幫會領袖。杜氏寓港時間不長，但其人與青幫，在香港活動留下諸多身影事蹟，為後人所話。

追尋原鄉的藝術家——席慕蓉

文：Vicky

當代華語世界有一位才華洋溢的女士，通過散文、詩歌及繪畫創作，訴說著她真摯的情感及大漠原鄉的探尋，她的名字是席慕蓉。

席慕蓉（一九四三年十月十五日～），蒙古名穆倫・席連勃，原籍內蒙古察哈爾，生於重慶市。父席振鐸為知名學者、母樂竹芳為名門之後，兩人皆曾於政府任職。

幼年席慕蓉便隨家人遷居各地，經歷重慶、南京、香港，最終隨父母落腳臺北，進入臺北市立第二女中（今中山女中）初中部就讀，期間受教師啟蒙，開始嘗試寫作。一九五六年進入臺北師範藝術科，正式學習繪畫，在校期間參與校刊編輯和投稿創作。一九五九年入師大藝術系，期間多次參加美展獲得名次。

師大畢業後，席慕蓉曾短暫在臺任教，未幾遠赴比利時布魯塞爾皇家藝術學院深造，專攻油畫科，在學期間表現優異，作品多次獲獎參展並舉辦數場個人畫展，留學之際，結識劉海北先生並在當地結婚，婚後育有一女芳慈一子安凱。

一九七零年席慕蓉學成歸國，赴新竹師專美術系任教，一面任教一面創作，並持續寫作投稿，也曾舉辦數次個人畫展，且除傳統繪畫外，席慕蓉亦嘗試雷射繪畫，開啟臺灣相關創作先河。

一九八一年，席慕蓉第一本新詩集《七里香》出版，問世後獲得廣大迴響與熱潮，兩年後第二本新詩集《無怨的青春》亦廣受歡迎，在華文圈掀起熱潮，且除新詩之外，席慕蓉亦持續寫作散文，先後發表出版多本散文集。

自一九七九年席慕蓉發表第一篇詠嘆蒙古草原的詩歌《狂風沙》起，席慕蓉開始探索，對於蒙古高原原鄉情懷的追尋。

一九八九年席慕蓉第一次造訪蒙古高原，開始接觸和閱讀蒙古現代詩歌創作與歷史書寫，寫下諸多相關創作並參與相關研究會議，由此可以得知席慕蓉所追尋的原鄉，不僅僅是地理上，更是情感與精神上的追求。

現席慕蓉與子共同定居新北淡水，並持續活躍於藝文活動。

席慕蓉與香港的情緣，與那一代許多人相同，都肇因於國共內戰。神州易幟之際，席慕蓉父母舉家來到香港，落腳灣仔皇后大道東的秀華園，席慕蓉跟家人在此渡過五年歲月，直到一九五四年隨父母前往臺灣。

在港期間，席慕蓉先是就讀鄰近的灣仔同濟中學附小，畢業之後直升同濟中學，完成一年級的學業，後赴臺參加插班考試，在臺繼續二年級學業。

席慕蓉在香港的受教歲月，不但讓她通曉粵語，其本人曾憶及道，當年許多小學教師皆具備大學講師水平，故小學至中學期間接受相當嚴謹紮實教育，其中五年級國文教師姜和發，更是鼓勵席慕蓉寫作，可謂日後文學之路的啟蒙者之一。

席慕蓉的人生，就是一首流浪與追尋的詩歌，關於美關於情感關於精神。居港歲月所留下空間記憶，亦成為她人生原鄉追尋的一部分。

智勇雙全的體壇傳奇——徐亨

文：Vicky

民國初年的中國，誕生一位體壇多棲的健將，不但賽事上表現卓絕，賽場之外事業有成，更致力於捍衛中華民國在國際體壇權益，他就是徐亨將軍。

徐亨（一九一二年十二月六日～二零零九年二月三日）廣東花縣（今廣州市花都區）人，生於廣州，出身書香世家，父親徐甘澍為留美博士。

徐亨身高超過一米九，時人稱「長人徐」，自幼展露運動天份，尤擅長球類運動。

一九三零年，就讀中學的徐亨獲選為排隊國家隊，參加遠東運動會比賽。一九三四年遠東運動會，同時入選足球及排球隊，分別取得冠軍及亞軍佳績，此外徐亨亦為當時中國著名籃球中鋒。

中學畢業後，徐亨就讀黃埔海軍學校，後隨陳策將軍赴上海，入讀暨南大學，一九三五年獲法學士學位，於畢業後徐亨重返海軍任職，派駐廣東虎門要塞任少校參謀。

徐亨青年即與香港結緣，早在一九三六年即加盟香港東方足球會司職守門員，並一度擔任足球部主任。

抗戰爆發後，徐亨留在香港，一面出任中國駐港軍事代表團參謀，一面繼續參與當地體育活動，除足球外擅泳的徐亨也曾在本地自由式比賽奪魁。

一九四一年十二月日軍進犯香港，英軍敗退，徐亨隨同陳策，率一眾港英軍政人員，駕駛魚雷艇突破日軍砲火包圍，成功逃至大後方，而徐亨因為協助作戰及突圍有功，獲英王頒授O.B.E.勳銜。

返回大後方的徐亨任中校參謀，負責對英情報業務，一九四四年獲政府派赴美國受訓，接收美國轉移之軍艦，一九四六年任永寧艦艦長，率艦航返中國。一九四八年徐亨以海軍少將退役。

退役後徐亨重返香港體壇，組建幸運游泳隊，徐曾率領游泳隊六連霸香港水球錦標冠軍，亦曾出任中華民國水球隊隊長。

體壇之外，徐亨在香港開始經商，最初跟隨陳文寬投資復興航空，但業務不多，徐亨將目光轉移至旅遊業。

徐亨先自己籌組旅行社，通過人脈關係，其票務實惠可靠，廣受歡迎，而後徐氏涉足進出口貿易和房地產，一九六四年於油麻地彌敦道上投資興建富都大酒店（Hotel Fortuna），一九八三年富都大飯店在臺北開設。

除個人事業，徐亨亦協助中國國民黨，在港經營《香港時報》，為香港著名國民黨媒體，由於徐亨的體育背景，當年香港時報的體育新聞版面內容均為香港媒體之冠。

關注體壇的徐亨，先後出任遠東、亞運及國際奧委會委員，擔任國際奧會委員期間，經歷中華民國退出聯合國等外交挫敗，國際體壇會籍遭終止，無法參賽之困境，逢此窘境徐亨四處奔走，不惜狀告奧委會，最終爭取中華民國得以「Chinese Taipei」身分重返國際體壇。

晚年徐亨逐步將重心轉回國內，曾四度獲政府遴選港澳區僑選立委，出任中華民國紅十字會會長，推動兩岸民間交流。

二零零九年二月三日，徐亨病逝臺北榮民總醫院，享壽九十六。身後安葬於五指山國軍公墓。

徐亨一生才華洋溢，事業橫跨諸多領域，皆有傑出表現。在港數十年間，涉足體育、軍事、商業、傳媒、政治各界，俱留下身影事蹟，尤以體育相關活動，仍為許多港人記憶。

香港中文教育新紀元——許地山

文：Vicky

一九三六年香港大學中文系所改組，在港英政府邀請下，一位新文化的作家應邀擔任系主任。這位作家著作豐富才學兼備，替港大教學跟香港藝文增添不少色彩，他的名字是許地山。

許地山（一八九三年二月一日～一九四一年八月四日）原名贊堃，字地山，筆名落花生（落華生）。生於清代臺灣省臺南府城的士紳家庭，父許南英為進士，曾祖父為秀才。

一八九五年臺灣割日，許南英在協助臺灣民主國抗日事敗後內渡，許地山亦隨家人一同內渡至汕頭，之後又隨家人遷居廣東，期間許地山在廣州接受傳統教育與新式教育，通曉多種語言並熟稔嶺南文化。

成年之後許地山從事教職，曾到閩南及緬甸任教，期間曾隨父親返臺探親，一九一五年與霧峰林家出身的林月英結婚，兩人育有一女，林月英於一九二零年早逝。

一九一七年許地山北上北京，入燕京大學就讀，一九二零年獲文學士學位後留校任助教，期間與北京多位作家發起文學研究會，創辦刊物宣揚文學理念。一九二二年許地山赴美哥倫比亞大學進修宗教史及宗教學，一九二四年獲文學碩士。再赴英國牛津大學深造，研究宗教史、印度學、梵文、哲學等學科，一九二六年獲授學位。

一九二七年許地山返國，擔任燕京大學教授並在北京、清華等多所大學兼課。一九二九年與周俟松再婚，兩人有一子一女。

許地山的香港之緣，起於一九三五年一月，胡適訪港接受香港大學授予榮譽博士學位。胡適與港大交流期間，向意圖改革中文學院的港大推薦許地山。港大於同年六月，聘請許地山為系主任，亦為王寵益後港大第二位華籍教授。

許地山八月南來赴港就任後，將中文學院的改造列為首要工作目標。時港大中文學院，其學院教學風格與授課內容仍以舊式八股文言經學為主，已無法滿足港大需求。

許地山把港大的中文學院改制為中國文史學系，下設歷史、文學、哲學等分科，增設新式課程數十門，引入白話文學寫作及教學。許與多位學者合作任教，許地山同時擔當碩士研究生指導教授。除行政體制與課程教授改革，許地山亦與港大馮平山圖書館主任陳君葆合作，提升港大在中文學術典籍的館藏水平。

港大教學授課之外，許地山仍持續進行文學創作並參與香港社會事務。許地山參與香港中學的國語文課程編輯，將白話文學及寫作帶入香港中學教育，並改革港大入學考試中文科為白話文，影響香港文科教育及學風深遠。

抗戰軍興之後，許地山在港積極投身藝文界的抗日宣傳，曾出任「中華全國藝文界抗敵協會」理事、「華南電影節兵災籌賑會」顧問，組織參與各項支援活動。時許多學者南來赴港避難，許地山亦接濟照顧。

一九四一年八月四日，許地山積勞成疾，心臟病發逝於自宅，享年四十八歲，身後安葬於香港華人基督教聯會薄扶林道墳場。

許地山在港六年，對香港中文教育及白話文學發展貢獻卓越，至今香港文科教育仍可見其理念影響，現代香港中國文學研究亦奠基於此，備受各界緬懷推崇。

雄心壯志的一代船王——董浩雲

文：Vicky

一九四七年十一月，中國籍輪船「天龍」號抵達美國紐福克（Norfolk），達成首次中國輪船橫渡大西洋，實現這個創舉者，是有船王之稱的企業家董浩雲。

董浩雲（一九一二年九月廿八日～一九八二年四月十五日）又名董兆榮，祖籍浙江定海，生於上海閘北。

董浩雲父親從事五金，家境不算富裕，董浩雲自十六歲便輟學在家協助工作，惟董浩雲仍不斷自修精進，十七歲那年考入金城銀行旗下通成公司，十九歲時派往天津航業公司任職，展開其航運事業的一生。

一九三二年董浩雲受航運鉅子顧宗瑞賞識，安排其女顧麗真與其結婚，婚後育有二子三女。

天津任職期間董浩雲嶄露頭角，成為中國航運界新星。

董氏積極發展業務，期許建立屬於中國人自主的航運事業，於一九三七年，在上海成立中國航運公司，未幾抗戰爆發業務停擺。

一九四一年董將公司轉至香港註冊成立，又因日軍佔領香港而被迫放棄至。

抗戰期間董浩雲擔任上海航運業公會代表，與重慶國民政府保持密切關係，抗戰勝利後，董浩雲受政府委託，進行船舶接受工作，並協助業界爭取補償。

戰後中國航運公司復業，董浩雲看中遠洋航運商機，積極組建船隊拓展業務，期間實現第一次中國籍輪船同時橫渡兩大洋之創舉。

一九四八年因情勢變化，董浩雲遷居香港，配合政府將船隊遷往臺灣及香港，將中航遷至臺灣，在香港成立金山輪船公司繼續業務。

一九五零年代，董浩雲通過與中華民國政府跟美國關係，航運事業極速成長，船隊不斷擴充，開闢多條香港至各地遠洋航線。

六零年代巨型油輪興起，董浩雲看準商機，積極投入訂單擴充，又隨貨櫃航運興起，董氏於一九六九年成立東方海外貨櫃航運公司，專職貨櫃船業務，一九七三年東方海外在香港上市。

一九七零年代，董浩雲船隊名列世界前茅，然董氏企圖不僅如此，仍持續收購輪船公司，增加訂單擴充船隊規模，一心成就世界第一船王，急速擴張業務的結果，為日後公司財務問埋下伏筆。

商業活動之外，早年輟學的董浩雲一心投資教育事業，曾於一九七零年購入巨型郵輪「伊麗莎白王后號」（RMS Queen Elizabeth），將其改建為海上大學用，完工前夕不幸於香港遭遇祝融之災焚毀，後董氏又購入「大西洋號」（SS Atlantic）改建，命名為「宇宙學府號」（SS Universe Campus），一九七二年九月首航。

一九七九年董浩雲成立董氏慈善基金會，投身香港公益事業。一九八零年董浩雲宣布退休。

一九八二年四月十五日，董浩雲因心臟病發，於香港養和醫院逝世，享壽六十九。身後骨灰安放於董家私宅香島小築後院。

董浩雲早年輟學，憑藉對航運熱情跟投入，一手打造個人航運帝國，與包玉剛等人將香港航運事業推至頂峰，在香港經濟史上寫下重要的一頁。

其長子董建華後曾任香港特區特首，影響香港發展深遠。

聲影傳世，中國電影之父——黎民偉

文：Vicky

廿世紀之初，電影傳入中國，吸引不少人投入這門新興產業，其中一位年輕人，將畢生貢獻給電影事業，成就不凡，這位先驅就是黎民偉。

黎民偉（一八九三年九月廿五日～一九五三年十月廿六日），祖籍廣東，生於日本橫濱，父親為旅日商人，於六歲隨父親到香港，在香港接受教育，先後就讀聖保羅書院及皇仁書院，一九零九加入同盟會參與革命事業，一九一一年組織文明戲社團「清平樂話劇社」，參與戲劇演出宣傳革命。

一九一三年黎明偉與兄長黎北海等，和美國商人布拉斯基（Benjamin Brodsky）在香港合組「華美影片公司」，不但是香港最早華資電影公司，亦開啟黎民偉電影事業人生。

一九一四年出品黑白默片〈莊子試妻〉，黎民偉擔任編劇及飾演莊妻，妻嚴珊珊飾演婢女，該片為香港本土最早製作電影之一，嚴珊珊亦成為第一位出演中國電影的女演員。

一九二零年代黎民偉電影事業蓬勃發展，於一九二一年與兄長在中環投資設立「新世界戲院」，為香港最早華資戲院之一，一九二三年成立「民新影片公司」，為香港第一間華人創辦電影公司，黎民偉出任副經理。

民新影片公司期間，黎民偉參與製作拍攝多部影片，包括劇情片及紀錄片。其中社會紀錄片拍攝更為中國之先驅，黎氏又有「中國紀錄片之父」稱號。

一九二六年因時局關係，民新轉戰上海，持續影片拍攝出品。

一九三一年黎民偉將民新併入新成立的聯華影業公司，黎出任製片主任。

聯華期間，黎氏重視電影社會教育意義，出品多部本土自製影片，廣受市場歡迎，聯華成為當時業界領頭，然而一九三六年聯華影業分家，黎民偉復創民新影片公司。

抗戰軍興，黎民偉從親赴前線拍攝國軍抗戰紀錄片，上海淪陷後黎返回香港，繼續從事電影工作，期間參與真光電影公司及啟明製片廠營運，後日軍出兵香港，製片廠被轟炸，大量底片遭燒毀，損失慘重。

香港淪陷後黎氏拒絕投日，率一家輾轉前往大後方，投身抗日宣傳活動。抗戰勝利後，黎民偉重返廣州經營戲院，一九四七年曾赴上海爭取聯華復業未果，隨後赴港出任「永華影業公司」技術顧問，黎氏引進當時先進技術設備，提升公司製作水平。

一九五零年黎民偉因健康惡化遭永華革職，離去後黎於九龍投資經營仙樂戲院。

一九五三年十月廿六日，黎民偉因淋巴癌逝世於香港，享壽六十。

黎民偉一生從事影業近四十年，參與中國電影草創發展與茁壯，舉凡演出、編劇、製片、沖洗、攝影等各類職務皆有涉入，跨足電影拍攝出品跟戲院經營，可謂全方面投入。黎民偉參與的電影題材廣泛，重視藝術水平跟社會教育意義，推進中國電影素質提升，有「中國電影之父」尊稱。

黎氏居港多年，諸多電影事業與香港息息相關，開創華人發展香港電影事業之先河，事業一度跨足滬港兩地，促進人才技術交流，為香港電影工業日後發展奠定重要基礎，亦無愧「香港電影之父」美名。

中國最後的士大夫—錢穆

文：Vicky

新亞書院於一九四九年創立，後與聯合、崇基書院共同組成香港中文大學，為香港第二所大學。其書院創始人兼首任校長，為當代國學大師錢穆。

錢穆（一八九五七月卅日～一九九零年八月卅日），原名錢恩鑅，字賓四。江蘇無錫人，為吳越錢氏之後代。

錢穆家貧但重視教育傳承，曾入家鄉私塾求學，一度入讀南京鍾英中學，因家境問題輟學，其後為生計於家鄉擔任教職，之後於多地中學執教。期間錢穆不斷充實精進，累積學問。

一九二九年錢穆發表《劉向歆父子年譜》，一舉成名受到學術界關注，隔年應顧頡剛推薦，赴燕京大學講課大受歡迎，後於北京多所大學授課，與時人學術交流切磋。

抗戰軍興，錢穆輾轉於各地任教，一九四零年於雲南出版《國史大綱》，寄託其家國情懷。

抗戰勝利後，錢穆一度留在大後方任教，後返鄉出任江南大學文學院院長兼歷史系主任，一九四九年因時局影響，應邀南下廣州華僑大學任教，未幾隨校赴港。

錢穆赴港後，應張其昀之邀，與各界人士共同創辦亞洲文商學院，錢穆出任院長，翌年更名新亞書院。

其辦學宗旨為傳承宋明書院學精神，發揚人文關懷，溝通中西文化。初期因經費有限，錢穆曾親赴臺灣尋求援助，獲蔣中正總統支持，以公費撥款資助，至一九五四年獲美國雅禮協會正常為止。

錢穆主持新亞書院期間，匯聚各界南來學者講課，書院以中文講學，教授中國經典文化，填補了時缺乏中文高等教育的香港，成為當時新儒家學術重鎮，新儒學八大家多出於此。

一九五三年，錢穆又創辦新亞研究所，供有志中國文化研究深造之學人精進機會，其研究所學歷受中華民國教育部承認。

一九五七年，新亞與崇基、聯合兩間書院共組中文專上學生協會，為推進新大學設立做準備。

一九六三年香港中文大學成立，打破英語壟斷高等教育局面，新亞書院為組成一部分，書院校務維持獨立。

錢穆擁護中華民國政府，將新亞書院校慶定為十月十日，與中華民國國慶日同，校慶高掛中華民國國旗，此舉引發港英政府多次關切，要求停止掛旗，錢氏為此與港英政府多有爭執，後在壓力之下新亞更改校慶日期並終止升旗活動。

中文大學成立後，錢穆逐漸淡出校務，一九六五年卸任院長一職，同年應馬來亞大學邀請，赴馬講學一年，後因健康因素返港。

一九六七年錢穆返國定居，入住東吳素書樓，隔年入選中研院院士，於東吳、文化等大學講課，晚年健康惡化，仍勤奮傳道授業，教學寫作不輟。

一九七三年在港創辦新亞中學，一九七六年中文大學改制，削弱書院自主權，錢穆辭去書院理事一職以示抗議，後錢穆僅三次踏足中大校園，參與活動。

一九九零年因素書樓侵占爭議致使錢穆搬出，同年八月卅日，逝世於臺北寓所，享耆壽九十五歲。身後依其遺願葬於蘇州太湖之濱。

錢穆受傳統儒學教育薰陶，一生以弘揚復興古典儒學為志，居港期間，先後創辦書院、研究所及中學，大大提升香港中文教育及國學研究，影響香港學界甚鉅，成就典範。

獨膽英雄關鐵拳—關麟徵

文：艾芙蔓

關於關麟徵此人，之前香港有個有趣的傳聞，說女演員關之琳是關麟徵的孫女，但後來被證實是誤傳，不過也讓關麟徵之名再度浮上水面。

關麟徵原名關志道，於一九二四年在于右任舉薦下考入黃埔軍校第一期，於次年畢業後隨軍參加了東征，踏上討伐陳炯明之路，膝蓋卻於作戰中受了重傷差點截肢，幸好在廖仲愷關心下才免於此危機。

之後關麟徵被派任為黃埔軍校學生總隊長之副官，也參加了孫文主義學會，而一九二六年他又升任中央憲兵團三營營長，加入國民革命軍北伐的行列。

一九二七年，關麟徵職位再度調動，被任命為國民革命軍總司令部直屬補充第七團團長，後又調任國民革命軍第十一師六十一團團長。

然而在此時卻發生了一件事，那就是身為十一師副師長的陳誠愈拉攏關麟徵等人反對師長曹萬順，但關麟徵拒絕了，與陳誠的樑子也在此時結下。

隔年關麟徵升任第十一師步兵三十二旅旅長，次年又任新編第五師副師長，而在中原大戰期間，他又轉任整編後的中央第二教導師一旅一團團長，在張治中麾下參戰，而後因立了戰功，升任該師第二旅旅長。

而後多年關麟徵便是在打仗、調任、升官中度過，一九四四年他已成為中國陸軍第一方面軍副總司令，而抗戰勝利後他一度被任命為東北司令部司令，本來準備率部與共產黨爭奪東北，但這時候陳誠跑出來了。

有過節在前，陳誠自然不會讓關麟徵稱心如意，而且正好蔣介石為了懲戒杜聿明，便下令讓關麟徵與杜聿明互調職位，關麟徵便又改任雲南警備司，可是一二一事件發生後，關麟徵被迫引咎辭職。

不過這不是關麟徵官場生涯的終點，他於一九四七年接替蔣介石出任中央陸軍軍官學校校長，隔年又調任中國民國陸軍副總司令，並於一九四八年在中國民國代總統李宗仁的任命下成為陸軍總司令，且晉升為陸軍二級上將。

官拜高位，按理說關麟徵應該很高興自己的浴血奮戰有了回報，但偏偏死對頭陳誠在台灣受到蔣介石重用，他便決意隱退，移居香港，次年就被正式免去總司令職務。

在香港期間，關麟徵幾乎是不問紅塵俗事的狀態，以書法與秦腔自娛自樂，拒絕任何政治組織邀約，而後在蔣介石逝世時雖然有至台灣弔唁，但對於蔣經國的挽留，他仍是拒絕，回到了香港，並於一九八零年因腦溢血病逝於香港。

關麟徵這一生，先是刀裡來火裡去，在戰場上奮勇殺敵，立下不少戰功，但可能當初連他自己也沒想到，到最後他會是在家修生養性，沒事寫寫書法的一名老人。

但或許對他來說，前半生披甲征戰，老來得以落得清閒自在也是一件好事，畢竟戰爭就是一件眾人都不樂見的事，雖說很多時候是迫於無奈，但戰爭此事不該被刻意倡導甚至執行，最好是不要發生，對全世界來說，才是一種真正的幸福。

一代宗師—葉問

文：艾芙蔓

葉問為廣東佛山人，原名葉繼問，於一九五零年代在香港發揚詠春拳，被稱為「打手王」，又被尊為詠春發揚人。

據知知名武打明星「李小龍」曾拜葉問為師，而葉問生平唯一入室弟子則是「招允」，在葉問生前曾送招允牌匾「詠春正統」一塊，今據悉牌匾仍懸掛在招允之子招鴻鈞的武館廳堂上，且很特別的是，葉問除有武術家身份招收弟子傳承詠春拳之外，也具有中華民國國民上校軍銜。

關於葉問的出生年份，基本上有兩個說法，分為一八九三年及一八九九年，兩派爭執不休，如一八九三年派便說如果葉問是一八九九年出生，那麼一九零九年僅有十歲的葉問如何跟隨師兄學習詠春七、八年，應該是一八九三年出生，十六歲的年紀已學習詠春七、八年比較合理。

另外葉問與阮奇山（一八八七年生）及姚才（一八九零年生）並稱詠春三雄，據悉三人經常交流切磋武藝，如此一來，以其餘兩人之齡推算，葉問應當為一八九三年出生，此可能性較高。

不過當然持葉問為一八九九年生說法的人另有看法，然而相較之下可以發現，一八九三年此說法較有立足點，大致上較為合理。

只是對詠春這一門武術來說，葉問是什麼年份出生的並不重要，重要的是葉問對發揚詠春的貢獻，而這歸功於他自小就因地利之便跟隨詠春拳名師陳華順習武，又得到二師兄吳仲素指導，從此愛上武術。

之後葉問於一九零九年被父親送到香港讀書，在此葉問又得以跟隨師伯梁壁繼續學習詠春，但梁壁不幸於一九一一年去世，但葉問並未返鄉，而是繼續留在香港念書。

一九二四年葉問畢業遠赴日本深造但未有佳績，遂居於兄長家，直到民初政局穩定才返回佛山與張永成結婚，張永成便成了葉問的髮妻。

不過這兩人終歸是有緣無份，後來葉問到港後雖一直與家人保持聯絡，想讓家人之後也能到港定居，但偏偏妻子與兒女取得香港身分證回佛山後，本欲再尋時機返港，誰知中英同時宣布封鎖香港邊境，團聚從美夢變成一場惡夢。

然而雖然在家事上不甚如意，但葉問在發揚詠春方面卻是不遺餘力，又或者說一開始雖有些誤打誤撞，但得以發揚詠春也讓葉問備感愉悅。

據悉葉問晚年最大心願便是集合同門成立一個聯會以發揚詠春全，而一九六八年詠春聯誼會於彌敦道成立，之後於一九七四年更名為詠春體育會，正式註冊為非牟利團體。

一九七二年十二月二日，葉問於旺角通菜街居所內一張沙發上安詳離世，舉行完葬禮後被葬於粉嶺。

對於葉問來說，詠春佔了他人生大部分的時間，從學習到指導他人至臨終前一個半月，他都還在為詠春貢獻自己所學，可說是為詠春付出所有。

所以也難怪後來王家衛導演會因為看到葉問於逝世前一個半月拍攝的一些詠春示範片而興起了拍攝電影《一代宗師》的想法，畢竟一代宗師這個稱號，葉問應說是當之無愧。

三民主義是他的理想—孫中山

文：艾芙蔓

孫中山是少數在華人地區被普遍尊崇的近代中國政治人物，他創建中華革命黨（後改為中國國民黨）及創立三民主義思想，對國共兩黨的發展影響非常深遠，於海峽兩岸地位相當重要，在台灣被尊為國父，於大陸地位也相當崇高。

根據紀錄，孫中山與香港的淵源要追溯至一八八三年他至香港就學，一開始入讀英國聖公會主辦的拔萃書室，乃日校走讀生，後來於一八八四年四月轉學至香港中央學院（今為皇仁書院），以孫帝象之名註冊。

然而秋季到來，受到香港工人反法鬥爭影響，孫山中深深感覺到中國人民已經對現況已有相當覺悟，是時候開始組織計劃一些當為之事，但偏偏他的心思被孫眉察覺，被急召回檀香山，最後雖然在友人幫助下回到香港，但因為時間關係，並未拿到畢業文憑。

眾所皆知，孫山中帶領有志之士一同革命，歷經多次失敗才終於取得勝利，他不屈不撓的精神向來是很多人的榜樣，也為人所津津樂道，於可以查詢到的資料中顯示，一般聽到的「國父革命起義十一次，十次失敗，終於建立民國」中的次數可能有誤，有人特意研究計算後發現，次數應該多達二十九次。

但不管是十一次還是二十九次，革命最後終究是成功了，先不管後續又發生了什麼事，在革命這條道路上，孫山中的確一路走來不容易，也曾經引起很多人好奇，到底為什麼看起來如此文質彬彬的一個人，有著在當時看來根本遠不可觸的宏大抱負。

其實真遠不可觸嗎？

不盡然。

在民怨已然到達最頂點，民心早已沸騰的時刻，革命一事似乎就變得勢在必行，改朝換代在歷史上不是新鮮事，孫中山在做的事，其實也就跟以往的歷史人物一樣而已。

不過不諱言於近代，他所創立的三民主義思想影響很大，而且可能有些人不知道，三民主義思想並非一次到位，而是他在革命之路上隨著時勢變化而不斷修改所產生，換句話說就是在改革路上邊思考，到底對人民來說，以什麼樣的方式去施行好的思想才是最好的。

雖然有些人認為，孫中山沒有許多人口中的那般完美，但人無完人，即便是聖人也不可能十全十美，至少在後人看來，孫中山的領導確實達到了一定的高度，一次次的失敗沒有讓他氣餒，反而越挫越勇，在夾縫中求生存，為自己的理想奮戰到底。

在以「民族主義、民權主義、民生主義」為主軸的三民主義思想中，很輕易就可以看出「以民為主」四個字，但說實話即便放至現今，能真正做到的國家也不算太多，甚至有些國家連這樣的思想學說都被禁止。

不過對孫中山來說，雖然知道是理想，也知道不容易實現，但他仍是認為倘若連提都不提出，那麼就真的毫無實現之日。

雖然可惜的是他最後也未能看到自己的理想被徹底實現，不過三民主義精神永垂不朽，在此方面，他應該也能稍覺安慰吧。

功高震主被軟禁三十三年——孫立人

文：艾芙蔓

台灣台中市西區有一日式建築乃孫立人將軍故居，後被列為台中市紀念建築。

此建築為孫立人家族在戰後時期購入作為自宅，也是一九五五年至一九八八年孫立人將軍被軟禁之處。

那麼問題來了，為何孫立人會被軟禁呢？

一九三七年十月，孫立人率領稅警總團第四團參加淞滬會戰，與日軍血戰兩周，使該地成為淞滬會戰中日軍傷亡最重之地，日軍也稱孫團為其在華遭遇戰力最強之部隊，不過此役也讓孫立人受了重傷，昏厥三天後被送往香港接受治療。

後來孫立人於一九四二年任國民革命軍陸軍新編第三十八師師長，被派往英屬緬甸指揮仁安羌之戰，以寡敵眾擊退日軍並救出七千餘被圍英軍及五百多名西方記者和傳教士，在此戰之後孫立人就被英軍和美軍暱稱為「東方的隆美爾」。

第二次世界大戰勝利後，英國授予孫立人大英帝國司令勳章，而他也是極少數獲得此勳章的外國軍官，亦為第四名獲頒美國功勳勳章的中國軍官。

孫立人的出身很特別，他並非中華民國陸軍軍官學校出身，而是抗日戰爭時期少數留美的高材生，擁有美國普渡大學土木工程學士學位、美國維吉尼亞軍校博雅教育學士學位，後得到宋子文賞識從財政部稅警總團特科兵兵團團長起家。

因為戰功赫赫又與上司杜聿明不合，孫立人在國共內戰時期僅參與了第一時期作戰，後就被調閒職，並未參與第二階段作戰，並於一九四七年十一月被調至台灣，負責在高雄鳳山的中華民國陸軍軍官學校第四軍官訓練班訓練及整編軍隊。

然而，欲加之罪何患無辭，孫立人不把自己放在眼裡的態度讓杜聿明相當不滿，多次向蔣介石發電報指責孫立人作戰不利又囂張跋扈，而蔣介石也因對孫立人有所忌憚才會將孫立人調至台灣。

孰不知這一調等於是局勢大亂，共軍對於蔣介石此舉可說是感到歡欣鼓舞，更有後人評論，若是當初未動孫立人分毫，或許整個情勢會不一樣的發展。

然而所謂功高震主，蔣介石對孫立人的忌憚一直存在也就罷了，連蔣經國也對孫立人有所忌諱，甚至認為孫立人的反攻大陸計畫是為了壯大自己的實力，此舉無疑會威脅到蔣家政權，主張拔除孫立人所有軍權。

而後雖然孫立人仍為國家奉獻良多，但「孫立人兵變案」仍是發生了，而被扣上罪名的孫立人就被拘禁，且前後有三百多人因與本案有牽連而入獄。

孫立人的軟禁一直到李登輝接任總統才下令解除，但逝去的歲月儼然回不來了，一九九零年十一月十九日，孫立人病逝於寓所，享壽八十九歲。

撇開許多事不說，單就戰功與擔任中美之間的橋樑來說，孫立人可說是非常稱職，最後落得被軟禁三十三年的下場，真真是令人不勝唏噓。

知名政治家暨外交官——傅秉常

文：艾芙蔓

傅秉常，字褧裳，十歲隨父親遷居香港，先後於聖士提反中學及香港大學就讀，並於大學畢業後回到聖士提反中學擔任教師。

一九一八年護法運動時期，傅秉常前往廣州投奔孫中山，加入護法軍政府後，擔任伍廷芳的秘書，並在伍廷芳指導下研讀法律及外交方面的文件及書籍，而伍廷芳之所以會如此照顧傅秉常，基本上是因為傅家與何啟家族關係良好，而何啟家族與伍家又關係甚篤，這樣的關聯網也讓傅秉常成為國民黨內太子派的重要成員，很快就進入國民黨權力核心。

之後一九一九年至一九二七年，傅秉常先後擔任巴黎和會中國代表處秘書、護法軍政府財政部及外交部駐香港大使、海南島瓊海關監督、大元帥府外交部特派交涉員兼財政部粵海關監督、廣州陸海軍大元帥大本營外交秘書、國民政府財政部關務署署長、外交部參事等職，經歷可謂相當豐富。

一九二八年十月，傅秉常被任命為立法院行憲前第一屆立法委員，又當選立法院外交委員會委員長，並參與民法起草委員會，而隔年二月他出任駐比利時公使，兩年後獲香港大學授予名譽法學博士學位。

不過就在他獲得名譽法學博士學位這年，寧粵搞分裂，他思考之後加入西南派（粵派），被委任廣州國民政府外交部副部長，而在寧粵和解之後，他又轉任外交部政務次長，不過這個職位他在一月上任，但在一月末就請辭，之後改任西南政務委員會委員。

一九三三年，傅秉常回任立法委員及立法院外交委員會委員長，兩年後又當選中國國民黨第五屆中央執行委員，並於一九四一年重回外交部政務次長之位，隔年受蔣介石多次勸說，才同意出任駐蘇聯大使。

但老實說這個職位其實對傅秉常來說是相當頭痛的，因為蔣介石會希望他擔任駐蘇大使就是不想中國與蘇聯關係惡化，後來雖然不能很確切的說中蘇關係有惡化，但明眼人都看的出來，當歐洲轉危為安，同盟國準備召開外交部長會議時，蘇聯是跟英國是一鼻孔出氣，不僅沒有護著中國，還不想讓中國入列，反倒是美國堅持讓中國加入簽署國行列。

但這並不是美國看得起中國，後人根據當時情況表示，其實美國當時是對蘇聯有猜疑，所以認為拉中國入局對整個局勢較有幫助，另外還有新疆問題也讓傅秉常覺得相當棘手，所以中蘇關係雖然看似親密，但實質上傅秉常心知肚明僅是紙糊的關係。

說來傅秉常多年獻身外交，對外交方面有著顯著的貢獻，他忙碌的職業生涯如果真要說，大抵是到一九五七年抵達台北市，被蔣介石任命為總統府國策顧問後，才稍稍比較安定一點。

後來陸續又擔任中國國民黨中央評議委員、司法院副院長及公務員懲戒委員會委員長的他，最後在台北市病逝，享年六十九歲。

香港華人革新協會創辦人——陳丕士

文：艾芙蔓

陳丕士出生地相當特別，位於中美洲加勒比海南部，一個緊鄰委內瑞拉外海的島國，而陳丕士就是在此國的首都西班牙港出生。

他的父親是中華民國前外交部長陳友仁，母親則是莊園主與黑奴的私生女，所以他身上有華人、黑人及法國人的血統。

一九九一年，陳丕士隨母親至英國倫敦學習，一九二二年畢業於倫敦中殿律師學院，考取律師資格後，他回到出生地千里達及托巴哥當律師。

一九二六年，陳丕士返回中國，參加了武漢收回英租界的鬥爭，被任命為國民政府外交部秘書，隔年四一二事件後，以鮑羅廷為首的蘇聯顧問團要回國，他奉父親之命護送，之後留居在蘇聯直到一九三五年回國。

回國後陳丕士致力於統一戰線工作，而在抗日戰爭爆發後，他為宣傳抗日戰爭相當努力，曾出任立法院顧問兼立法院院長孫科的私人秘書及中國國際法學會的秘書長。

一九四七年，陳丕士到港，被聘為香港高等法院律師，曾經為兩航公司駐港人員起義後留在香港的財產打官司，為保護國家財產竭盡全力，而在此同時他又和支持香港自治的馬文輝等人創立「香港華人革新協會」。

說來，香港華人革新協會本來創立的用意是爭取在殖民地政制下實施有限民選機制，但後來中共在大陸當政後，協會內親共派陳丕士、莫應溎等親共人士迅速掌控領導權，這也使此協會成為一個相當親共的組織。

而陳丕士也曾參與香港市政局選舉，但並未當選，而在一九六七年的六七暴動（亦稱一九六七香港左派暴動）中，他成為這場暴動組織「港九各界同胞反對港英迫害鬥爭委員會」（簡稱鬥委會）的成員之一。

依照一九六七年五月二十四日在《大公報》上的名單來看，鬥委會委員共有三百四十八人之多，其中十七人為常務委員，而陳丕士則不在常務委員名單中，此會主任委員是楊光，當時楊光是工聯會理事長。

一九八九年，陳丕士逝世，留下一本自傳，書名為《中國召喚我：我參加中國革命的歷程》，內容記述了他的家世及其父親陳友仁在民主革命時期的活動，另外還有一九二七年至新中國成立後陳丕士的親身經歷。

由上述可知，陳丕士此人非常熱愛他口中的祖國，給人一種為了祖國可以拋頭顱灑熱血的感覺，在國共關係破裂後，他更積極主張祖國應該要統一，因為在他眼裡，中國共產黨是他眼裡的唯一，容不下其他一顆沙粒，所以他才會留下自傳表達自己對祖國的滿腔熱血與忠誠姿態。

或許在某些人眼中陳丕士的政治立場太過鮮明又高調，只要是對中國共產黨不利的事，他都會盡力去阻止，但這是他的選擇，他選擇了中國共產黨為奉獻的對象，單看他最後還留下自傳就能明白，顯然對他而言，這是一件無上光榮之事。

國父之師—區鳳墀

文：艾芙蔓

身為國父國文老師的「區鳳墀」出身官宦之家，早年與何福堂相識後，因本身就有追求真理及向道之心，在讀過何進善所著之《新約全書註釋》時大受感動，為之折服的區鳳墀於是受洗成為基督徒，入佛山自理會，並帶領全家人信主。

之後區鳳墀前往香港，在倫敦會參與翻譯聖經等工作，並於一八七二年出任倫敦會香港灣仔堂主任，而孫中山拜區鳳墀為師的時間點則是在一八八三年。

那時的孫山中從檀香山基督教學校畢業後返港，進入拔萃書室進修，預備要投考香港公立學校，但甫從檀香山歸來的孫中山中文底蘊顯然不足，所以才拜區鳳墀為師，並且在隔年經區鳳墀介紹，認識了美國綱紀慎會的喜嘉理（Charles Hager）牧師，在其鼓勵下，孫中山也受洗成為基督徒，教名「日新」，以其粵語諧音，而區鳳墀後來便為孫中山改名為「逸仙」。

會特別提到「日新」與「逸仙」的原因是，孫中山在西方社會並不被喚孫中山，而是以用 **Sun Yat-sen** 來稱呼孫中山，翻譯過來正是「孫逸仙」，而有趣的是，當區鳳墀幫孫中山改「逸仙」此名時，他萬萬沒料到逸仙二字之後會在華人以外的地區如此知名。

更值得一提的是，孫中山與區鳳墀感情甚篤，兩人是師徒也是摯友，此說可以從一八九六年十一月孫中山從倫敦寫信給區鳳墀的內容中看出，兩人感情真摯動人，友情深刻令人稱羨。

區鳳墀中英文俱佳，一度還遠赴德國東方柏林學院擔任漢文教席，之後回國加入新成立的興中會擔任會計一職，而於乙未廣州首義失敗後，區鳳墀便潛居香港，獲香港政府聘為華民政務司署華文總書記。

後來陳少白創辦《中國日報》時，區鳳墀也出力相助，且也與關景良、胡禮垣等人創立「剪髮不易服會」，退休後還繼續擔任基督教青年會幹事、聖士提反書院漢文總教席及廣華醫院監理等職，可說是退而不休。

區鳳墀可說畢生都奉獻在宣揚基督教義及濟世救人兩方面，他以基督精神拯救萬民於水火之中，所以當一九一一年廣華醫院成立，區鳳墀出任成為該院首任司理時，很多人都認為著實再適合不過。

另外，廣華醫院有副創院對聯云：「憫蒼黎火熱水深喚我國魂起四百兆同胞痌瘝，合中外良醫妙藥仗君佛手拯二十紀世界沉？」，此對聯在經過探討研究後，有人猜測可能出自區鳳墀之筆，但也有可能不是。

一九一四年，區鳳墀病逝，享年六十七歲，綜觀其一生，劉粵聲牧師讚譽道：「公性剛猛如彼得；慈愛如約和；才畫洋溢，不逾乎道，又類保羅；秉此奇賦，誠教會有數人物」，由此可以看出區鳳墀的地位確實不凡，令人尊敬又感佩他的付出與貢獻。

區鳳墀那國父之師的身分，顯然當之無愧，也是很多人心目中的人上人，值得後人尊敬。

國民黨前期右派代表人物——許崇智

文：艾芙蔓

要提許崇智，就必提蔣介石。

不能說這是個定律，但其實也差不了多少，因為許崇智與蔣介石的確是一直糾纏不清。

一九一六年，同為一八八七年生的許崇智與蔣介石結拜為異姓兄弟，許崇智更力排眾議推薦蔣介石擔任黃埔軍校校長，不過在一九二五年國父孫中山去世後，許崇智卻遭到背叛，被蔣介石出賣，他的官邸被黃埔學生軍包圍，目的是奪取軍權，而這樣的情況也讓許崇智與蔣介石的關係在往後四十年時常飄忽不定，時敵時友。

許崇智出生於廣東番禺，是中國國民黨早期主要軍事領導人之一，也是國民黨前期右派代表人物之一。

一九零三年，許崇智進入日本陸軍士官學校中國留日士官生第三期步科，於三年後加入同盟會，在辛亥革命時任福州陸軍第十鎮第二十協協統。

起義時，任起義軍前敵總指揮，而且在當年更曾威脅上司福建提督孫道仁加入同盟會，且在一九一一年十一月更命令起義軍發射首枚砲彈，揭開福建起義戰爭之序幕，可見許崇智抗清之心堅不可摧，清軍最後終是不敵落敗。

一九一三年，二次革命失敗，許崇智逃亡日本，在日本參加孫中山中華革命黨，於一九一五年底回國，加入反袁世凱之護國戰爭，隔年袁世凱去世，許崇智返回上海，任中華革命黨軍務部長。

一九一七年，許崇智又被任命為孫中山護法軍政府大元帥府參軍長，負責協助孫中山主持軍事，成為粵軍的主要軍事領導人之一，而之後粵軍被編為兩個軍以後，陳炯明成為總司令及兼任第一軍軍長，而許崇智則是為第二軍軍長。

之後，因孫中山決定北伐，任命許崇智為總指揮，而陳炯明部下則趁機發動六一六事變，許崇智遂從閩南方向討伐陳炯明，之後許崇智升任建國粵軍總司令，成為國民黨最高及軍事將領。

一九二五年，孫中山逝世，之後七月中華民國國民政府在廣州成立，許崇智被任命為軍事部長兼廣東省政府主席，成為僅次於汪精衛、廖仲愷與胡漢民的國民黨領袖。

然而，問題來了，當年八月，國民黨元老，左派領袖廖仲愷被暗殺，汪精衛與許崇智及蔣介石三人以控制局勢及處理廖案為由組成特別委員會，不料在審理廖案過程中，蔣介石以國民黨右派涉嫌最大為名排擠許崇智，許崇智的很多親信因此被抓，而他本人則被迫至上海避居。

一九二七年，許崇智收到蔣介石給予的二十萬旅費，令他先後到美洲、歐洲等地旅行兩年多，於一九二九年才返回上海。

但這並不是許崇智遭排擠的結束，之後他常遭汪精衛威迫任汪精衛政權領導，所以一九三九年他偷偷從上海前往香港居住，沒想到一九四一年香港淪陷，他被日軍拘捕囚禁，又再度逼他支持汪精衛政權，但他抵死不從，逃至澳門。

抗戰勝日後，蔣介石派專機迎接許崇智回南京，並在之後聘許崇智為首批總統府資政，但這個官銜說穿了就是給個身分，而往後許崇智便一直留在香港，直至一九六五年病逝，享年七十七歲。

無產階級中的領袖人物——蘇兆徵

文：艾芙蔓

出身貧苦農民家庭的蘇兆徵乃廣東香山縣淇澳島（今珠海市唐家灣鎮）人，於十八歲那年前往香港的海輪中做苦工，之後他大半生幾乎都奉獻給船員生涯，足跡遍布許多國家，更因此接觸了馬克思主義思潮。

一九零八年，蘇兆徵加入中國同盟會，曾擔任掩護孫中山脫險的角色，並於一九二一年三月與林偉民等人於香港成立「中華海員工會聯合總會」，目的是為了海員爭取福利及地位。

之後蘇兆徵於香港海員大罷工事件中，被選為罷工總辦事處總務部主任及談判代表之一，後又代理海員工會會長。

蘇兆徵是個很善於與其他工會首領打交道的人，這或許跟他長期的海員生活需要四處飄泊有關，而他的交際手腕也為他贏來了好人緣且樹立威信，讓他逐漸成為廣東與香港工人的中心人物，這為他於後來領導歷時二十個月的省港大罷工做了很好的準備工作。

只不過當時令許多人感到遺憾的是，蘇兆徵走得頗早，才四十幾歲就因積勞成疾病逝於上海，後來鄧穎超在與蘇兆徵的兒子及女兒談話時曾說，中共中央曾經準備讓蘇兆徵擔任黨中央總書記職務，不過蘇兆徵於一九二九年過世，此計畫未能施行。

蘇兆徵確實是位人物，先後曾擔任中華全國總工會執行委員、全國海員總工會執行委員會委員長、中華全國總工會委員場、武漢國民政府委任勞工部長、中央政治局候補委員、中央臨時政治局委員、臨時政治局常委、廣州工農民主政府主席等。

另外蘇兆徵還於一九二八年參加於莫斯科舉行的赤色職工國際第四次代表大會時，當選為共產國際「六大」執行委員，六月又當選為中共中央政治局常委。

看上去資歷赫赫的蘇兆徵如果不是早逝，想來履歷會更加顯赫，像這樣的人物在去世後自然會有許多人哀悼，如中共中央政治局便在他逝世後向全黨發出悼念蘇兆徵的通告，通告內容為：「蘇兆徵同志在工作中，充分表現了無產階級的艱苦精神和堅決的政治意識，他的革命精神，是全黨的模範」。

蘇兆徵早逝在某些人可能會覺得可惜，但同時也可能是一種幸運，看他的資歷，應該也會是共產黨的開國元老之一，這情況之下，能否在文革時逃過一劫，當然也無法猜測，所以，他的早逝，對於他來說，並不一定是壞事。

開創中國刑法新紀元──伍廷芳

文：艾芙蔓

伍廷芳，生於南洋英屬馬六甲，清末民初知名外交家、法學家、書法家，是首位取得外國律師資格的華人，乃香港早期華人精英，也是香港首位華人大律師及首位華人立法局議員。

說起伍廷芳與香港的淵源，得從他十四歲說起，那年他化名伍才至香港求學，在畢業後獲聘為香港高等審判庭、地方法院等機構翻譯，而一八六零年他更與黃勝利用報社廢棄的中文鉛字創辦中國第一份報紙《中外新報》，同時也協助陳藹亭創辦《香港華字報》，並於一八七一年調任港府巡理署譯員。

一八七四年，伍廷芳與妻子自費前往英國留學，於倫敦大學學院攻讀法律，一八七六年通過大律師資格考試，畢業時更獲倫敦大學頒法律博士學位。

一八七七年因奔喪乘船離英，在船上意外認識候任香港總督軒尼詩，同年五月香港政府司法機關決定准許伍同方在香港法庭執行律師職務，香港律政司也正式宣布，伍廷芳才是第一位獲准在英國殖民地擔任律師的華人。

說來一八七七年伍廷芳可說是備受矚目，五月才獲得殊榮，六月郭嵩燾、劉錫鴻便聯名上書，奏請朝廷委任他為駐英使館三等參贊，而李鴻章得知他回港，便派黎兆棠至香港洽談。

面對六千兩黃金的誘惑，伍廷芳並沒有動搖，選擇繼續在香港執業，一八七八年他便獲港督軒尼詩委任為首名華人太平紳士，之後軒尼詩曾提議由他署理律政司但遭在港英人反對，此事便無疾而終。

一八八零年，在香港各界華人領袖建議下，伍廷芳被委任為定例局首位華人非官守議員，同年也曾署任裁判司。

於記載中可得知，伍廷芳在港期間非常積極支持時任港督軒尼詩的政策，而反對歧視華人、要求廢除公開笞刑及遏止販賣女童等，都是他的訴求，後來是因妻子與妻舅投資生意失敗，他被迫辭去議員一職，又因被嘉蘭威廉伯爵數次冷落，讓他決心返回大陸發展。

一八八二年他以本名離港北上，接受李鴻章的邀請成為幕僚，參與了中法新約、長崎事件、馬關條約等商議，亦曾任中國鐵路總辦，創辦中國歷史上第一條經政府批准興建使用的「唐胥鐵路」。

之後的伍廷芳任務不斷，如出使美國與西班牙、擬訂中國最早商業法、起草訴訟法、建議陪審團制度等等外，也曾因為排華法案遊走於美國與墨西哥之間，更在一九零七年後造訪許多國家，如美國、墨西哥、祕魯、古巴、巴拿馬、厄瓜多、歐洲、新加坡等等，最後進京辭職，上《奏請剪髮不易服折》，後稱病寓居上海。

辛亥革命後，伍廷芳表態支持革命，於一九一一年十二月出任民軍總代表，隔年轉任南京臨時政府司法總長，後因袁世凱掌權而辭職，於袁離世後才再次復出任段祺瑞總理政府外交總長。

一九一七年「府院之爭」爆發，伍廷芳因反對加入協約國而提出辭呈，而後又於代理國務總理時拒絕簽署解散國會命令辭職，不久後便接受孫中山號召南下廣州，並在一九二一年孫中山就任非常大總統時被委任為外交部長兼財政部長、廣東省長，且更曾一度任代行非常大總統。

直至一九二二年六月逝世前，伍廷芳的人生可說是非常精彩，在外交方面手段及言論雖然有些古怪，但也正因為此古怪壓倒洋人氣焰，而在法律上的造詣與成就更是非凡，孫中山就曾稱之為「中國刑法開新紀元」，實為一位不可多得的絕讚人才矣。

新桂系首領──李宗仁

文：艾芙蔓

李宗仁，字德鄰，一九八一年出生於廣西桂林臨桂西鄉村，父親李培英是名教師，李宗仁在家排行第二，幼年家境貧困，十八歲進入廣西陸軍小學就讀。

一九一零年，李宗仁參加中國同盟會支部，辛亥革命後陸軍小組改組，他最後畢業於廣西陸軍速成學校。

之後李宗仁以軍人之姿，在廣州加入孫中山的陣營，後來與白崇禧、黃紹紘合作，攜手統一廣西全省，並擁護廣州國民政府，而在國民革命軍北伐時，他更是帶領廣西軍隊一路由湖南進攻至山海關，這時的他可謂盡忠職守勇往直前。

北伐以後中華民國大陸時期南京十年，李宗仁屢次發動和參與一九二九年的蔣桂戰爭、一九三零年的中原大戰等國民黨地方實力派的內戰，另外也不曾對苦心經營的大本營廣西放鬆警戒，這時可以看出，李宗仁野心不小，而且與蔣介石顯然不怎麼對盤。

然而，抗日戰爭開始，不管如何總得先解決外患不可，李宗仁在抗日戰爭時任第五戰區司令長官，動員廣西將士抗日，指揮多次大戰，在台兒莊會戰名震一時，也可說是一戰成名。

一九四八年，李宗仁經國民大會當選中國民國副總統，隔年一月接替引退的蔣介石代行總統職權，一九四九年十一月，政府自陪都重慶西撤至成都，他作為代李總統卻沒有一同前往，反而趁機前往香港，宣布自己進入醫院治療胃病，且軍政大權交予當時行政院長閻錫山全權處理。

之後蔣介石復出接替李宗仁留下的缺口，帶領中國國民黨繼續對抗中國共產黨，李宗仁在香港觀望兩周後帶著家人出走美國，奇怪的行為讓人不解他究竟意欲為何，引起眾多猜測，也引來蔣介石的忌憚。

一九五四年，遠在外國並未赴台的李宗仁被彈劾罷職，於一九六五年才經瑞士回到中國大陸，最後在一九六九年病逝於北京。

根據資料顯示，李宗仁相當崇拜且尊敬孫中山，不遺餘力響應孫中山主張，統一廣西及促進兩廣統一，為北伐奠定基礎；而在抗日戰爭中，一向反共的李宗仁肯於和中國共產黨合作，此點頗讓人訝異，不過不諱言此一攜手對雙方都有助益，而他本身更建立了一定的功勳。

然而，藉抗日戰爭這個與共產黨聯合的事件可以看出，李宗仁其實是個很矛盾的人，他長期堅持反共，卻願意與共產黨合作，他長期與蔣介石共事，最後兩人卻決裂而後分道揚鑣。

倘若換個方式來說，不用矛盾而以他有野心來說倒也可行，畢竟他前往美國後曾企圖依靠美國政府成立屬於自己的「第三勢力」，政治立場顯然已經轉變。

但不管是有野心還是自我矛盾，李宗仁最終還是選擇投入共產黨的懷抱，耗費數年後，終於可以回到自己口中的祖國，聽聞他當時非常高興。

遽聞，李宗仁去世前曾說，自己不能看到兩岸統一，是為此生未了心願，數日後他就與世長辭，享年七十八歲。

新儒家學派代表人物——牟宗三

文：艾芙蕎

牟宗三，一九零九年出生於山東省，九歲入私塾，十一歲入新制小學，十五歲入縣立中學，一九二八年考入北京大學，兩年後升哲學系並於一九三三年畢業，爾後先後任教於山東壽張縣鄉村師範、廣州學海書院、山東鄒平村治學院、廣西梧州中學、南寧中學、華西大學、中央大學、金陵大學、浙江大學等，以講授邏輯與西方文化為主。

三十年代，牟宗三曾主編《歷史與文化》、《再生》等雜誌，一九四九年獲邀至台灣師範大學及東海大學任教，一九五四年接受聘用成為台灣教育部學術審議委員。

一九六零年，牟宗三獲邀至香港大學主講中國哲學，一九六八年由香港大學轉任香港中文大學新亞書院哲學系主任，一九七三年協助創辦新亞中學，隔年離開香港中文大學，轉至新亞研究所任教，之後又曾在如國立台灣大學等幾處大學任教，最後於一九九五年病逝於台灣，享壽八十六歲，曾獲香港大學名譽博士學位及台灣行政院文化獎。

在思想上，牟宗三受熊十力影響相當大，不僅繼承且發展熊十力的哲學思想，他更著力於哲學理論方面，專研儒學哲學與康德哲學，尋求兩者融會貫通，且力圖重建儒家之「道德形上學」。

牟宗三的代表作很多，如《心體與性體》、《才性與玄理》、《中國哲學十九講》、《中西哲學之匯通》、《佛性與般若》等，都是他相當知名的著作，而獨力翻譯康德的《三大批判》，更是以一己之力融合康德哲學與孔孟陸王之心學，令人折服。

作為新儒家代表人物，牟宗三認為當代新儒學的首要任務為「道統之肯定，即肯定道德宗教之價值，護住孔孟所開闢之人生宇宙之本源」，並將「反省中華民族的文化生命，以重開中國哲學的途徑」視為己任。

翻開牟宗三的著作可以發現，他的著作幾乎都是針對時代或學術問題，為此二項提供解決之道，就如在他逝世後治喪委員會發出的評價「綜觀先生一生，無論講學論道，著書抒義，莫不念念以光暢中國哲學之傳統、昭蘇民族文化之生命為宗趣。其學思之精敏，慧識之弘卓，與夫文化意識之錦穆強烈，較之時流之內失宗主而博雜歧出者，敻乎尚矣」中所言，分毫不差。

然而雖說牟宗三在學術方面的研究以哲學為主，但從他著作中不難發現，他對佛學也相當有研究，據悉他研究範圍除中國哲學、康德哲學及佛學外，還有邏輯學、宋明理學、魏晉玄學等，並喜歡以哲學為出發點，再將己身所學將之應用，不虧為才子儒士。

所以，如此名師有眾多弟子也不在話下，如新儒家第三代代表人物之一的蔡仁厚便是牟宗三弟子之一，還有曾任香港中文大學教授的陳特與霍韜晦等人皆拜於牟宗三門下，且弟子們許多均有不凡成就，牟宗三為新儒家宗師級人物之稱，實屬實至名歸。

當代新儒家代表人物—唐君毅

文：艾芙蔓

唐君毅生於一九零九年，祖籍廣東五華，學名毅伯，自半歲起隨父居成都，十二歲半入重慶聯合中學，受蒙文通啟迪，對宋明理學產生興趣，其後師從支那內學院之歐陽竟無，學習研究釋家思想，也曾拜師熊十力、方東美、梁漱溟等人。

一九二五年，唐君毅先後進入中俄大學、北京大學，隔年轉往國立中央大學哲學系，於一九三二年畢業，畢業後他返回四川在中學任教，一九三七年接受邀約前往華西大學執教，一九四零年又轉任教重慶中央大學。

身為現代思想家、哲學家、教育家，唐君毅於一九四九年遷居香港，根據紀錄他曾搬遷約十二次，與錢穆、張丕介等人一同創辦亞洲文商學院，此學院於一九五零年更名為新亞書院。

一九五七年，唐君毅應美國國務院邀請，遠赴當地講學，隔年與徐復觀、張君勱、牟宗三共同發表《為中國文化敬告世界人士宣言》；此宣言由唐君毅起草，經張君勱、牟宗三、徐復觀三人反覆修正，被學術界通稱為「當代新儒家」宣言。

由唐君毅起草，經張君勱、牟宗三、徐復觀反復修正，後以四人名義聯署發表於《民主評論》一九五八年一月號，學術界通稱之為「當代新儒家」宣言。

一九六三年，新亞書院與崇基學院、聯合書院合併，組成香港中文大學，而唐君毅本人則出任新亞書院哲學系講座教授，兼任教務長及哲學系主任等職，直至一九七四年退休。

在唐君毅擔任新亞研究所所長期間，廣邀學界名人到校主講文化，令那時的香港成為研究中華文化的重鎮，不過在這期間也因為研究所與大學之間衝突加劇，研究所竟被大學終止補助，後脫離了大學，後續造成研究所一蹶不振的窘境。

一九七五年，唐君毅出任台灣大學哲學系客座教授，卻也在同年確診肺癌，之後病情反覆治療無效，於一九七八年病逝於香港，結束他為教育奉獻的一生。

對於唐君毅此人，國際哲學界公認他為「當代新儒家」的一位代表人物，二零零三年四川省宜賓市成立「宜賓學院唐君毅研究所」，又建立了「唐學網」及出版《唐學》集刊，內容包括「生命垂範、唐學通論、體系與方式、哲學與文化、宗教與道德、教育與人文、儒學與時代、君毅眾學、故園文化」等等。

而後，香港大學也於二零零九年唐君毅百歲冥壽時在中大校園內立了唐君毅的銅像，以此銅像紀念唐君毅。

不過其實在這兩事件之前，早於一九八八年林聰標教授擔任新亞書院院長時，就有意將書院內樂群館冠名為「君毅館」，為的是感念唐君毅對書院的貢獻與奉獻，但可惜的是最後被大學校董會否決。

但不管如何，唐君毅在教育與學術方面的付出與影響無法被抹滅，當然被列為當代新儒家代表人物也是理所當然之事，畢竟唐君毅的一生都在研究學術文化與授課教育弟子與學生中度過。

所以不管是立銅像、成立研究所、出版集刊又或是以其他方式紀念唐君毅，想來都是理所當然，因為他當之無愧。

寫出愛恨嗔癡與現實——張愛玲

文：艾芙蔓

著名作家「張愛玲」是名奇女子，她出身名門，自幼就在上海接受雙語教育，比起一般女性，她的起步點顯然比很多人都早，不過天份這種事也不是早學習就會得到，她的寫作能力，可以說有一部分來自於天份，一部分就來自於她親身經歷及累積的寫作實力。

張愛玲一生創作了大量的文學作品，類型繁多，小說、散文、劇本及文學論著都在她寫作範圍內，後來甚至連她的書信也被當成著作加以研究，因為有些人覺得她很難懂，但有些人又覺得她要的東西其實很簡單。

「愛情」在張愛玲的人生中佔據了很大部分，她被愛傷過所以內心傷痕累累，不過這樣重大的打擊並沒有停止她在文學上持續前進的腳步，甚至可以說，她有些創作正是因為受過傷，所以才寫得更絲絲入扣，令人為之動容。

張愛玲的寫作風格大致上被歸類在現實主義與現代主義層面，有學者認為，張愛玲在當時算是建立了一種描寫中國抗日戰爭爆發時，中國大眾究竟如何生活的寫作方式，而此方式顯然與當時其他描寫該時期的其他作品有著明顯差異。

而在張愛玲的主要作品中，她對現代史的印象派觀點，時常被她以顏色、線條、形狀、質地和情緒等相關描述詞彙展示，而這些描述經常被使用在她作品中用來形容女性服裝風格之變化。

一九五二年，張愛玲前往香港，任職於美國駐香港新聞處，不過在此時她創作的作品並未受到歡迎，反而因為與當時主流格調不合，甚至被當成「毒草」批判，且在大陸文學界，她的作品也有一個時期被當成反面典型，直到三十年後改革開放才算有所改觀。

不過在港期間對張愛玲來說也不算都無收穫，至少在記載中可知，她有長達八年的主要經濟來源都來自於編劇收入，而這方面想來她不得不感謝的一個人就是她的好友「宋淇」。

在宋淇力捧下，張愛玲成為香港電影業鉅子陸運濤的國際電影懋業有限公司（簡稱電懋）之編劇主力之一，張愛玲在此總共寫了約十部劇本，其中有八部被拍成電影，可見她寫作功力深受肯定。

一九六一年，文學評論家夏志清在美國耶魯大學出版的《中國現代小說史》中提到張愛玲的著作，並以大篇幅介紹，而且還誇讚張愛玲所創作之《金鎖記》乃中國從古至今最佳中篇小說，這些評論可說是讓張愛玲在中國文壇的地位翻盤，也算是確立了張愛玲在中國文學史上的地位。

基本上張愛玲知名的著作相當多，如《半生緣》、《傾城之戀》、《第一爐香》、《紅玫瑰與白玫瑰》、《秧歌》、《赤地之戀》、《金鎖記》等等，都是許多人拜讀過的著作，也有多部後來被翻拍成電視劇或電影。

像張愛玲這般的女子，綜觀她一生，著實也不該輕易定義，她的獨特造就她的非凡成就，但另一方面也體現出她不算太快樂的人生，所以她才會將許多心思放在創作上，或許在提筆陷入思考的那一刻，她可以忘卻很多事，只為自己腦海中的角色而活吧。

雙清樓主—何香凝

文：艾芙蕎

出生於香港，身為嶺南畫派著名畫家，作品還被中國郵政作為特種郵票發行，甚至有專屬美術館「何香凝美術館」的何香凝，絕對不僅是一個知名畫家如此簡單。

何香凝乃中國國民黨革命元老及國民黨改革派人物之一「廖仲愷」的夫人，兩人均是由孫中山領導的中國同盟會早期成員，所以她不僅是個畫家，還是個中國革命家、政治家，也與丈夫同樣是中國國民黨改革派元老級人物。

除上述之外，何香凝還是婦女運動的先驅者，她提倡男女平等，還組織了中國第一次慶祝國際婦女節的活動，而在那個時代較為罕見的是，她是從小就表現出堅定的女權主義思想。

不願意纏足，對此進行激烈反抗的何香凝卻是意外因為如此而與丈夫結合，雖說與廖仲愷結婚乃父母之命，但這兩人卻是志趣相投，婚後如膠似漆，兩人居住的小屋被他們命名為「雙清樓」，而何香凝便從此自號為「雙清樓主」。

與許多同時代女性不同的是，何香凝在學習上從不肯認輸，以一己之力說服頑固的父親讓自己接受教育，後來更在一九零二年拿出積蓄變賣珠寶，先送丈夫赴日留學，而自己也在稍後前往，入讀東京女子師範學校的預科。

兩年後，何香凝特地回香港產下女兒，之後將女兒留給家人照顧，她又返回了東京，也是在東京期間，她與丈夫認識了孫中山，並加入中國同盟會，且為了革命準備，她與丈夫還在黃興的教導下學會槍枝的使用方式，之後還接收命令為同盟會租了一處房屋作為祕密活動聯絡地點。

一九零八年，何香凝誕下兒子，同年她進入私立女子美術學校，拜師帝室畫師田中賴璋，不過雖然在藝術上的腳步持續前進，但對於革命一事，她始終沒有忽略，為中國同盟會的宣傳工作付出巨大努力，包括設計和繡製革命旗幟、徽章等等。

辛亥革命爆發後，何香凝與丈夫回到香港，兩人之後參與了二次革命，但後因失敗不得不流亡日本直到一九一六年前往上海，革命事業得以繼續延續。

一九二一年，孫中山就任非常大總統，廖仲愷被任命為財政部次長，而何香凝則與宋慶齡組織了婦女運動，為革命一事募集資金，並提供醫藥及服裝，為此她出售了自己大量的畫作。

一九二三年，何香凝就任國民黨中央執行委員及婦女部長一職，她遂提出「於法律上、經濟上、教育上、社會上，確認男女平等之原則，助進女權發展」，推動開辦貧婦生產保健醫院、女工勞工學校、女子美術研究所等等機構。

然而不幸的是，與丈夫鶼鰈情深的何香凝卻在孫中山逝世後不久也遇上了讓她痛心之事，廖仲愷遇刺且就在她面前逝世一事，想來是她此生最痛之痛。

後來為了支持蔣介石的北伐之舉，何香凝成立了國民黨紅十字會，組織勞動階級婦女前往武漢，但這批婦女中有很多人在一九二七年的大肅清中被殺或受迫害，此事讓她非常難過，也讓她在剩餘二十多年中遠離黨派政治，自此移居香港與新加坡，或是在歐洲各地舉辦畫展。

一九三一年，九一八事變發生，何香凝隨即前往上海，並主辦救濟國難書畫展覽，也同沈鈞儒等人共同成立全國各界救國聯合會，於其中擔任理事、執行委員及中國婦女抗敵後援會主席等職。

之後上海於一九三七年淪陷，何香凝返回香港，向海外華僑宣傳抗戰，為八路軍、新四軍募捐籌款，但一九四一年香港也淪陷，她遂前往桂林直至抗日戰爭結束。

一九四八年第二次國共內戰期間，何香凝與其他反對蔣介石領導的黨員共同成立中國國民黨革命委員會，共產黨得勝後她移居北京，在政府中先後擔任多項要職。

據悉何香凝至高齡八十仍在工作，不管在政治或藝術領域，她都展現出非凡的女性力量，絕對是「女性絕非弱者」一詞的最佳代言人之一。

國家圖書館出版品預行編目資料

與香港結緣的民國名人／Vicky、艾芙蔓　合著－初版－
臺中市：天空數位圖書　2024.03
版面：14.8*21 公分
ISBN：978-626-7161-91-3（平裝）
1.CST：人物志　2.CST：中國
782.18　113004388

書　　名：與香港結緣的民國名人
發 行 人：蔡輝振
出 版 者：天空數位圖書有限公司
作　　者：Vicky、艾芙蔓
編　　審：品焞有限公司
製作公司：朝霞有限公司
美工設計：設計組
版面編輯：採編組
出版日期：2024 年 3 月（初版）
銀行名稱：合作金庫銀行南台中分行
銀行帳戶：天空數位圖書有限公司
銀行帳號：006—1070717811498
郵政帳戶：天空數位圖書有限公司
劃撥帳號：22670142
定　　價：新台幣 280 元整
電子書發明專利第　I　306564　號
※如有缺頁、破損等請寄回更換

TEL　：(04)22623893
FAX　：(04)22623863
MOB：0900602919
E-mail：familysky@familysky.com.tw
Https　://www.familysky.com.tw/
地　址：台中市南區忠明南路 787 號 30 樓國王大樓
No.787-30, Zhongming S. Rd., South District, Taichung City 402, Taiwan (R.O.C.)